Mein Leben ist nur ein Augenblick

Mein Leben ist nur ein Augenblick.
Ein verblichenes Blatt unter all den Blättern,
die liegen und von Bäumen fallen.
Meine Seele fängt sie auf.
Mein Leben ist ein Spiegel meines Ganzen.
Das was war und das was noch kommt.

<u>Ein Tropfen</u>

Ich schreibe diese Wörter,
doch mein Leben ist nur ein Tropfen im
Strudel meiner Seele,
ein Augenblick im Strudel Richtung
Unendlichkeit.

Fenster

Das Leben ist wie ein Fenster,
die Seele blickt durch sie hindurch in die weite
Ewigkeit.
Eine Illusion von Existenz,
in echt ist sie nur die Brücke zwischen zwei
Welten.
Sie ist nur ein Symbol – ein Symbol der
Vergänglichkeit, ein Symbol unserer Selbst.
Aber sie ist nicht unveränderbar, wir
entscheiden über den Sinn unseres Lebens.
Somit ist sie auch ein Symbol unserer
Entwicklung, unseres Kampfes und unserer
Stärke.
Und indem wir über unser Leben entscheiden,
entscheiden wir auch über unsere Zukunft –
über unsere Ewigkeit.

<u>**aussichtslos**</u>

Wir klammern uns aussichtslos am Leben fest.
Wir verlieren den Blick aufs Gesamte.
Wir fokussieren uns nicht auf die Zukunft.
Wir blicken nicht nach vorn.
Wir möchten nicht weiter.
Wir möchten nicht wachsen.
Wir möchten nicht lernen aus unseren Fehlern.
Wir wollen nicht lieben, sondern nur die
Illusion.
Was hält uns auf?
Wir sind gierig, egoistisch, wir folgen der
Gelegenheit.
Wir sind naiv, dem Untergang geweiht, wir
sind ignorant.
Wir sind blind, taub und stumm.
Wir verschließen die Augen, weil die Wahrheit
uns blendet.
Statt die Augen zu reiben und dann die
Schönheit zu erblicken.
Wir sind traurig, deswegen betäuben wir den
Körper, statt unsere Seele zu versorgen.
Wir entziehen ihr das Licht, die Energie.

Die Seele

Die Seele wird hinterhergezogen wie ein
Ballast und verkümmert,
das macht uns depressiv.
Wir brauchen Hilfe, wir wissen nicht wo...
Unsere Seele wir kleiner und kraftlos.
Wir haben keine Kraft mehr zu scheinen.
Wir folgen nur noch dem Ablauf.
Die Materie bindet uns fest und sperrt uns ein.
Nein
Wir sperren uns ein!
Wo ist der Schlüssel, um uns zu befreien?

Wo ist das Licht?

Wo ist das Licht, was mich erleuchtet und
mich führt?
Was mir den Weg weist.
Im Traum seh ich alles, bevor ichs wieder
vergesse.
Unsere Seele blickt auf unser Leben.
Dabei wirkt die Zeit wie ein Sandkorn am
Strand.
Bin ich mit mir selbst zufrieden?
Welches Ich?
Meine Seele ist größer als mein Dasein.
Mein Leben ist nur ein kleines Mosaikteil im
Tunnel, den meine Seele durchfährt.
Dem Universum, den mein Ganzes durchstößt.
Selbst das Universum fällt in sich zusammen.

<u>**Ein Sandkorn**</u>

Raum wirkt wie ein Sandkorn am Meer.
Zeit und Raum sind nur fliegende Teilchen in
ihrer Bahn.
Beeinflussende Faktoren.
Projektoren zur Aufrechterhaltung der Illusion.
Uns fehlt der Respekt vor dem, was wir nicht
begreifen, was unser Verstand nur erahnen
kann.
Wir behaupten alles zu wissen, dabei wissen
wir garnichts.
Wir reagieren auf Umstände mit Instrumenten,
die uns gegeben wurden.
Von wem, woher, warum?
Wir leben immer weiter, wir leben einfach
weiter.
Wenn wir heilen wollen, müssen wir unsere
Narben finden.

<u>Liebe</u>

Wir hintergehen uns selbst.
Wir verlieren.
Wir hintergehen uns selbst uns sind dennoch
überrascht, dass wir verlieren.
Wir betäuben uns, um alles zu vergessen, statt
unsere Narben im Inneren zu heilen.
Wir bluten aus, statt innezuhalten.
Wir hören nicht zu.
Statt innezuhalten, belügen wir uns selbst.
Wir lieben uns nicht.
Wir kennen uns nicht.
Wir wollen nur nach oben, deshalb stürzen wir
runter, statt runterzuschauen, um nicht
runterzufallen.

<u>Ozean</u>

Wir sind der Tropfen auf dem heißen Stein, der
sich für einen Ozean hält.
Doch meine Seele zieht mich runter in die
Tiefe, wie ein Wasserfall.

__Prüfung__

Gesellschaftlicher Druck:
„Du gehörst nicht hier her!"
Sie lügen wie gedruckt,
diese Last wie ein Berg.

Niemand möchte dich sehen,
diese Prüfung so schwer.
Bin ich etwa allein?
Nein!
Du bist so vieles mehr!

<u>Richtig</u>

Frag mich nicht, was richtig ist
Richtig ist, was du nicht bist
Noch ich..

Wer stellt die Frage?
Braucht er die Antwort?
An wen stellt er die Frage?
Braucht er zu antworten?

Liebe mit all der Kraft
Den, der sie dir gegeben hat,
Und jeden, so wie du dich selbst
Zu lieben wünschst auf dieser Welt

Die Wahrheit

Jeder Mensch hat das Recht darauf, zumindest die Chance zu haben, die Wahrheit zu erblicken.
Wenn wir uns ihr verschließen, besiegeln wir unseren eigenen Untergang.
Das Leben ist nämlich, ohne die Barmherzigkeit Gottes, ein trister und mechanischer Ablauf.
Jedoch bekommen wir mit jedem Tag eine neue Chance, ein neues Geschenk und neues Leben, wir können es nutzen, uns zu optimieren oder wir erliegen der Bedeutungslosigkeit unseres Seins.

Der Weg zur Wahrheit

Um zur Wahrheit zu gelangen, ist es einerseits wichtig, nicht der Versuchung zu erliegen und andererseits den Weg derer zu gehen, die rechtgeleitet sind und uns als bestes Vorbild dienen können.

Es macht generell keinen Unterschied, ob man an das Judentum, das Christentum oder an den Islam glaubt, da alle denselben Ursprung eines universellen und absolut einzigartigen und allmächtigen, monotheistischen Gottes haben. Leider jedoch wurden die Schriften und Offenbarungen mit der Zeit durch die Menschen verfälscht, wodurch die Botschaften des Judentums und des Christentums, keine authentischen Quellen Gottes mehr sein können.

Die letzte Offenbarung

Die letzte Offenbarung Gottes ist der Koran,
gerichtet an alle Menschen der Welt, um sie
zum einzig wahren und reinen Monotheismus
aufzurufen.
Die Entscheidung daran zu glauben, obliegt
dem Individuum.
Klar ist, dass Gott einzigartig ist und fern
davon, in menschlicher Form zu existieren
oder einen Sohn zu haben, weswegen das
heutige Christentum leider auch vom
Monotheismus abweicht.
Der Kampf zwischen Gut und Böse und der
Widerstand gegen die Versuchung des
verfluchten Iblis, seit dem Anbeginn der
Menschheit, durch unseren Urahnen Adam,
dem ersten Menschen, gipfelt im Kampf
zwischen dem falschen Messias und Jesus,
dem Sohn der Maria, der ebenjenen töten wird.

<u>Der Kampf</u>

Der unumkehrbare Kampf zwischen Gut und
Böse vor dem Tag des Gerichts, zwischen der
Armee Satans und der Armee Gottes.
Dies ist ein symbolisch herausragender Sieg
gegen den falschen Gott, der sich eine loyale
Armee geschart hat gegen die Gläubigen, ein
beinahe dualistisches Zusammentreffen
zwischen Gut und Böse, zwischen dem
verfluchten Iblis, der die Menschen vom
rechten Weg abbringen will und den
standhaften Gläubigen.

<u>Barmherzigkeit</u>

Wenn wir uns nicht der Barmherzigkeit des Allmächtigen hingeben, sind wir nichts weiter als Brennholz für die Hölle mit den Satanen, die uns dort hin schleifen.
Wir dürfen niemals vergessen, dass sie unsere größten Feinde sind und uns ständig einflüstern.
Sie verstehen es, ein geschöntes Bild darzustellen, von all den Dingen die zutiefst schlecht für uns sind.
Das erklärt die enorme Ausbreitung von immoralischen Aktivitäten und Gottlosigkeit auf der Welt.
Denn wenn wir Gott leugnen, sind wir automatisch in den Fängen Satans.
Und wenn wir nicht an die Existenz des Teufels glauben, ist es für ihn ein umso leichtes Spiel.

<u>Unser Feind</u>

Wir müssen unseren erklärten Feind gut kennen und wissen, dass er unermüdlich ständig daran arbeitet, uns vom Weg abzubringen.

Wenn wir jedoch standhaft sind und uns stattdessen unserem allmächtigen Schöpfer gehorsam unterwerfen, erwartet uns Zufriedenheit im Diesseits und das ewige Paradies, dessen majestätische Pracht wir uns nicht einmal vorstellen können.

Dieses Leben ist ein Testlauf uns zu entscheiden zwischen dem Weg des Lichts oder den finsteren Abgründen der Satane, die unser Verderben wollen und uns mit jeder erdenklichen Hinterlist auflauern.

<u>Gut und Böse</u>

Wenn wir uns das Universum und die Existenz
anschauen, sehen wir das Zusammentreffen
von Gut und Böse und wir mögen fragen, ob
es kein dualistisches System ist, welches alles
zusammenhält.
Wenn der Teufel somit die böse Seite darstellt
könnte man meinen, dass Gott demgegenüber
steht.
Jedoch ist Gott als Entität so allmächtig und
unendlich, dass Gott außerhalb unserer
Vorstellung von Existenz besteht.
Der Schöpfer ist losgelöst von seiner
Schöpfung, der Beweis dafür sind seine
Offenbarungen, die,wie aus dem nichts, auf
unerklärliche und einzigartige Art und Weise
auf uns herabgesandt werden.

<u>Barmherzigkeit</u>

Ein anderes Beispiel ist seine Barmherzigkeit
von dem all unser Befinden abhängt.
So etwa die Wärme der Sonne, die uns vor
dem Frieren schützt oder die Liebe unserer
Umwelt, unserer Familie und unserer Eltern,
die uns umfassende und bedingungslose Liebe
schenken und das über einen langen Zeitraum.
Gott ist somit über jeder Zuschreibung von uns
erhaben und existiert über jeglicher Existenz.

وا

<u>Energie</u>

Wenn wir über Energien reden, so ist die stärkste Energie der unbedingte Gehorsam Gott gegenüber, denn er bestimmt unser Handeln am stärksten, obwohl wir ihn nicht sehen können.

Das stärkste Symbol dafür ist unsere Niederwerfung, wenn unsere Stirn den Boden berührt, denn wir erniedrigen uns auf die größtmögliche Weise vor der höchstmöglichen Entität.

Wir glauben mit dem Herzen ohne mit den Augen zu sehen und das macht diesen Akt so besonders, so speziell, dass es keinen Vergleich gibt.

Diese Energie kann durchaus als Taten gemessen werden, die unsere Seele im Jenseits auf unvorstellbare Art und Weise unterstützen und retten kann.

Wie glücklich ist also derjenige, der sich niederwirft und seiner Seele ewige Ruhe verschafft und sie in Einklang bringt mit allem.

Der Beweis

Du suchst einen Beweis?
Der Beweis bist du selbst
Deine Sicht, du stehst allein und bezeugst
alles, um dich herum.
Die Bäume, die Tiere, die Pflanzen
Die Insekten, die Sterne, der Mond
Der Himmel, die Sonne, die Erde
Und alles um sie herum

Du speicherst, was du siehst, jeden Augenblick
und am Ende trägst du es mit dir herum
Du bezeugst, was du siehst und fragst dich
dennoch, ob es das ist, was du siehst:
Der Beweis der Existenz, der Beweis für alles,
denn aus Zufall entsteht nicht.

Aus Nichts kann nichts entstehen, also
bezeuge die Existenz und dass sie entstanden
sein muss.

أشهد أن لا إله إلاّ الله
و أشهد أن محمد رسول الله

Auf dem Schlachtfeld

Auf dem Schlachtfeld,
Ja, da fühl ich mich wohl!
Samuraigefährten:
Auf in den Tod!

Unser Schicksal ist Krieg,
wenn der Eifer entfacht.
Darum kämpft bis zum Sieg
oder sterbt in der Schlacht.

Die Krähn´ auf den Leichen,
zerhacken unsr´e Feinde.
Nichts kann uns aufhalten,
wir siegen bei weitem!

Wir siegen zu Felde
oder verlass´n die Welt.
Bin ich noch derselbe,
wenn der Geist aus mir drängt?

Körper oder Geist?
Wo lebt dann mein Selbst?

Draußen, wenn die Sonne scheint

Draußen, wenn die Sonne scheint,
Wiegen Brisen sanft den Hain
Atmen grüne Hügel sanft
Zwitschern Vögel ihre Lieder

Der Himmel leucht´ in aller Pracht
Weit ausgestreckt und blau
Draußen in der Sommernacht
Dort seh ich dich genau

Ich habe letzte Nacht an dich gedacht
Bei Blüten, die so schön
In meinem Traum hast du gelacht
Jetzt würd ich dich gern sehn

<u>Eine andere Welt</u>

Ich sitze nichtsahnend im Bus
Nichts Böses im Sinn
Vor mir die Menschen
Verteilt auf den Sitzen
Sie hören Musik
Sie sitzen zusammen
Sie sitzen allein
Sie sind mit Satanen
Umgeben von rechts
Umgeben von links
Wer könnte sie sehen?
Niemand merkt wie sie sitzen.
Sie reiten die Menschen und flüstern in sie
Während sie Musik hören und quatschen
Tanzen die Dämonen ihren Tanz.

© 2024 Waldemar Brunner
Herstellung und Verlag:
BoD – Books on Demand, Norderstedt
ISBN: 9783759705099